Leo Lausemaus

lernt schwimmen

CARLSEN

AF201549

Pixi-8er-Set

Leo Lausemaus (8x1 Ex.)

ISBN 978-3-551-04415-0

9 783551 044150

7,92 € [D], ab 01.02.2026 10,00 € (D)

Darf nur zusammen verkauft werden!

Dieses Buch gehört:

____

PRODUZIERT MIT VERANTWORTUNG

MIX
Papier | Fördert gute Waldnutzung
FSC® C016267
www.fsc.org

Bei Fragen zum Produkt: carlsen.de/kontakt

20. Aufl. 2025 | | Völckersstraße 14–20 | 22765 Hamburg
 | www.giunti.it
Originaltext: Anna Casalis
Illustrationen: Marco Campanella
ISBN der Box 978-3-551-05219-3
Warenwirtschaftsnr.: 978-3-551-05051-9
Lektorat: Laura Leintz, Eleonore Gregori (Ltg.)
Rückseite: Dorothea Tust, Hanna Sörensen

Leo Lausemaus

lernt schwimmen

CARLSEN

Heute ist genau das richtige Wetter für einen Ausflug zum See. Die Mama hat jede Menge Leckereien für ein Picknick in den Bollerwagen gepackt. »Die Schwimmsachen nehmen wir auch mit!«, erklärt der Papa und Leo ruft aufgeregt: »Prima, dann kann es ja losgehen!«

Am See wird alles ausgepackt. Leo und der Papa sind schon am Ufer. Leo Lausemaus will heute schwimmen lernen. Aber er ist noch etwas unsicher. Deshalb hat er die Schwimmflügel und den Schwimmreifen angezogen.

»Schau mal, Leo, hier ist es gar nicht tief«, erklärt der Papa. Aber Leo zögert …

Schade! Der schöne Tag am See ist vorüber. Die Mäusefamilie ist zurück in ihrem Mäusehaus. Nur Leo sieht nicht glücklich aus. »Was hast du denn?«, fragt die Mama. »Ich kann immer noch nicht schwimmen«, seufzt Leo. Liebevoll streichelt die Mama über Leos Kopf. »Und wenn du eine Schwimmschule besuchst? Dann wirst du alles ganz schnell lernen. Aber jetzt wird geschlafen.«

schnief

Am nächsten Tag holen Mama und Papa Leo vom Kindergarten ab. »Wir gehen ins Schwimmbad. Dein Schwimmlehrer wartet schon auf dich.«
Leise sagt Leo: »Den kenne ich doch gar nicht.« Doch der Papa meint: »Wenn du erst mal schwimmen kannst, kannst du sogar ein Wettschwimmen mit deinen Freunden machen.« – »Dann will ich ganz schnell schwimmen lernen!«, ruft Leo.

Im Schwimmbad hat Leo sich umgezogen. Nun steht er am Beckenrand und schaut sich um. Dann stellt er fest: »Am See war das Wasser aber nicht so tief, Mama! Was ist, wenn ich hier untergluckere?« Die Mama versteht Leos Sorge. »Das wird ganz sicher nicht passieren. Dein Schwimmlehrer passt gut auf dich auf!« Da hört Leo eine fremde Stimme: »Hallo! Ich bin Herr Frosch. Bist du Leo?«
Leo krallt sich an Mamas Rock und jammert: »Mama, komm mit ins Wasser!«

Gut, dass die Mama ihren Badeanzug eingepackt hat. Kaum ist sie im Wasser, will Leo Lausemaus sofort hinterher. »Das Wasser hier ist viel wärmer als im See«, sagt er. Leo kann gar nicht genug bekommen. Längst schon hat er den Schwimmring und die Schwimmflügel ausgezogen. »Sieh nur, Mama, ich kann schon fast alleine schwimmen!«, freut sich Leo.

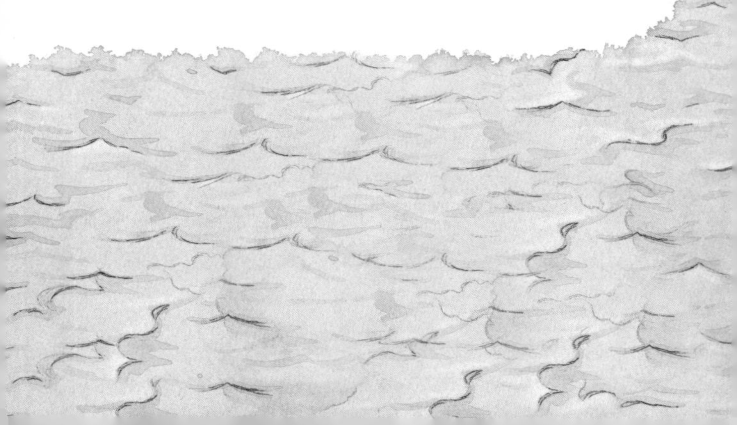

platsch

Ojee

Jetzt will Leo eine Pause machen und klettert über die Leiter aus dem Becken. Als er sich mit seinem Handtuch trocken rubbelt, schaut Leo zu seinen Sachen und beginnt plötzlich zu weinen: »Meine Schwimmflügel sind weg!« Das hört der Bademeister. »In meinem Hallenbad geht nichts verloren! Wir werden sie gemeinsam suchen«, schlägt er vor.

Der Bademeister und die Mama suchen noch nach den Schwimmflügeln, da steht plötzlich Didi Dachs neben Leo. Leo wundert sich: »Was machst du denn hier?« – »Na, schwimmen lernen. So wie du!«, erklärt Didi. Leo schaut auf Didis Arme. »Sind das etwa meine Schwimmflügel?« Didi wird verlegen: »Entschuldige, Leo. Ich wollte sie mir nur ausleihen. Sonst traue ich mich nicht ins Wasser.« Da sagt Leo: »Hab keine Angst. Der Schwimmlehrer bringt uns das Schwimmen bei.«

hmmm …

Und wirklich, Herr Frosch ist ein besonders netter Schwimmlehrer. »Das machst du schon sehr gut, Leo. Mit den Armen weit ausholen und mit den Beinen kräftig abstoßen«, erklärt er. Leo wird immer sicherer. »Das macht so viel Spaß! Komm auch rein, Didi!«, muntert Leo seinen Freund auf. Didi will noch nicht ins Wasser. Aber irgendwann wird auch er schwimmen lernen. So wie Leo Lausemaus.

Es ist schon spät geworden. Die Mama hat sich umgezogen und ruft ganz laut: »Komm, Leo, wir müssen gehen.« Ganz langsam klettert Leo Lausemaus aus dem Becken. »Och, schon? Können wir nicht noch etwas hierbleiben?«, bettelt er. »Nein, Leo, zu Hause warten der Papa und Lili auf uns«, erklärt die Mama. »Aber wir kommen bald wieder, damit du weiter üben kannst«, verspricht die Mama. »Juhu!«, jubelt Leo.

Toll!

Zu Hause hat sich der Papa um die kleine Lili gekümmert. Jetzt am Abend ist genügend Zeit, dem Papa alles zu erzählen. Leo hat es sich auf Papas Schoß bequem gemacht. »Toll, Leo, dass du schon so viel gelernt hast!«, freut sich der Papa. Leo strahlt. »Ja, und meine Schwimmflügel schenke ich Lili. Morgen möchte ich wieder in die Schwimmschule.« Der Papa lacht: »Du bist doch eine richtige Lausemaus!«

Nach mehreren Besuchen im Schwimmbad macht die Mäusefamilie wieder ein Picknick am See. »Jetzt kann ich meinem Boot hinterherschwimmen«, freut sich Leo. »Aber nicht zu weit hinaus!«, ermahnt ihn Papa. Das versteht Leo. Und Lili verspricht er: »Bald kannst auch du schwimmen.
Ich helfe dir dabei!«

Leo Lausemaus – Teddy ist weg
ISBN 978-3-963473-01-2

Leo Lausemaus lernt die Uhr
ISBN 978-3-963470-03-5

Leo Lausemaus hilft gerne
ISBN 978-3-963471-56-8

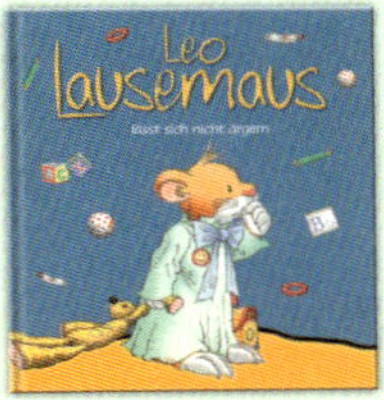

Leo Lausemaus lässt sich nicht ärgern
ISBN 978-3-963470-87-5

Leo Lausemaus lernt Schleifen binden
ISBN 978-3-963473-36-4

...überall im Handel oder unter www.leo-lausemaus.de

Hallo, dein Pixi zeigt dir heute,

was du beim Baden im See beachten musst. Bade immer nur in Begleitung eines Erwachsenen. Wenn du noch kein sicherer Schwimmer bist, trägst du Schwimmflügel und gehst nur so weit hinein, wie du stehen kannst. Mach keine Kopfsprünge. Im Schwimmbad gibt es Kurse, in denen du schwimmen lernen und dein erstes Schwimmabzeichen machen kannst: das Seepferdchen.

Dein Pixi

€ 0,99 (D)
Ab 01.02.2026 € 1,25 (D)
Pixi-Serie 219 | Nr. 1985
ISBN 978-3-551-05051-9
9 783551 050519
CE
pixi.de
carlsen.de
CARLSEN

Leo Lausemaus

will nicht teilen

CARLSEN

pixi BÜCHER

Dieses Buch gehört:

Bei Fragen zum Produkt: carlsen.de/kontakt

20. Aufl. 2025 | © 2013 by Carlsen Verlag GmbH | Völckersstraße 14–20 | 22765 Hamburg
© 2013 der deutschen Originalausgabe by Helmut Lingen Verlag GmbH
© 2013 Giunti Editore S.p.A., Milano-Firenze | www.giunti.it
Originaltext: Anna Casalis
Illustrationen: Marco Campanella
ISBN der Box 978-3-551-05219-3
Warenwirtschaftsnr.: 978-3-551-05051-9
Lektorat: Laura Leintz, Eleonore Gregori (Ltg.)
Rückseite: Dorothea Tust, Hanna Sörensen

Leo Lausemaus

will nicht teilen

CARLSEN

Leo Lausemaus ist überglücklich. Der Papa hat einen Sandkasten in den Garten gebaut. Nun kann Leo mit seinen Rittern nach Herzenslust spielen. »Das wird der Weg zu meiner Burg!«, beschließt Leo und zieht seinen Rechen durch den Sand.

Nein, Lili!

Leider hält Leos Freude nicht lange an. Seine kleine Schwester Lili hat sich zu Leo in den Sandkasten gesellt und möchte unbedingt die grüne Schaufel haben. »Nein, Lili, die kannst du nicht haben!«, ruft Leo eigensinnig und versucht, Lili die Schaufel wegzunehmen. Die Mama kommt gerade in den Garten. »Leo, du könntest ruhig die Spielsachen mit Lili teilen«, sagt sie.

Kaum ist die Mama weg, fangen Leo und Lili wieder an zu streiten. Leo will seine Sachen einfach nicht mit Lili teilen. »Die Schaufel gehört mir!«, schimpft er und schubst seine kleine Schwester. Lili fällt nach hinten und plumpst mitten in die schöne Sandburg. Auweia, jetzt weint Lili. Das hat Leo Lausemaus nicht gewollt. Zum Glück hat sie sich nicht wehgetan. Leise sagt er: »Entschuldigung, Lili!«

Aaah

»Wegen dir ist meine schöne Sandburg kaputt, Lili«, schmollt Leo und geht in sein Zimmer. Lili folgt ihrem großen Bruder.

Nanu, was macht Leo denn da? Er räumt schnell alle Spielsachen zusammen. »Nein, Lili, damit darfst du nicht spielen. Sicher machst du nur wieder was kaputt«, ruft Leo.

Meine Spielsachen!

Am nächsten Tag im Kindergarten spielen die anderen Kinder fröhlich miteinander, doch Leo beachten sie gar nicht. Was ist denn da los? Leo Lausemaus sieht nicht gerade zufrieden aus, obwohl er jede Menge Spielsachen bei sich hat.
»Das gehört alles mir!«, flüstert er Teddy zu.

Weil Leos Mama heute noch in die Stadt muss, darf Leo den Nachmittag über bei seinem Freund Max bleiben. Leo ist gerne bei Max zu Besuch. »Deine Mama backt immer so leckeren Kuchen«, schwärmt Leo. »Du kannst mein Stück auch noch haben, Leo«, bietet Max an. Leo staunt, wie freundlich Max doch ist.

Hmmm,
lecker

Danke, Max!

Dann spielen die beiden in Max' Zimmer. »Mensch, Max, du hast aber tolle Spielsachen«, sagt Leo begeistert. Am besten gefällt ihm die Holzeisenbahn. »Ich habe auch so eine, aber mein Zug hat nicht so viele Anhänger.« Max nimmt einen Anhänger und gibt ihn Leo. »Den schenke ich dir«, erklärt er. Max ist wirklich nett und er teilt auch gerne seine Sachen mit Leo Lausemaus.

Nur den neuen Radlader möchte Max nicht an seinen Freund Leo ausleihen. Den hat er nämlich gerade erst zum Geburtstag bekommen. Max sagt Nein, als Leo damit spielen möchte. Aber schau nur: Leo packt einfach heimlich den Radlader in seine Tasche, als Max gerade nicht hinsieht.
Leo Lausemaus, was machst du denn da?

Zu Hause wundert sich die Mama über den neuen Radlader. »Leo, woher hast du den?«, fragt sie. Leo stammelt: »Äh, von Max. Er hat mir so gut gefallen, da habe ich ihn mitgenommen.«
Die Mama kann es nicht glauben. »Ohne Max zu fragen? Leo, das geht doch nicht! Den bringst du sofort zurück!«

LEO!!!

Mit angelegten Ohren macht sich Leo auf den Weg zu Max. Wie soll er seinem Freund erklären, dass er den Radlader einfach mitgenommen hat? »Max ist so nett. Er hat mir Kuchen abgegeben und mir sogar einen Anhänger für den Holzzug geschenkt.«
Als Max die Tür öffnet, hält Leo den Radlader in den Pfoten und bleibt einfach nur stumm …

Max freut sich, dass Leo ihm seinen Radlader zurückbringt. »Den habe ich schon überall gesucht!« Nun ist es an Leo, alles zu erklären und sich zu entschuldigen. Längst hat er eingesehen, dass er nicht richtig gehandelt hat. Die kleine Lausemaus ist froh, als Max seine Entschuldigung annimmt und ihm die Hand reicht. »Du bist doch mein Freund, Leo!«

Entschuldigung!

Am nächsten Tag spielt Leo fröhlich mit seinen Freunden. Zusammen tanzen sie und Leo singt laut: »Wer teilen kann, hat ja viel mehr Spaß!« Das ist wohl wahr, du kleine Lausemaus.

Hallo, dein Pixi zeigt dir heute,

was du machen kannst, wenn du dich mit deinen Freunden nicht einigen kannst. Ihr könnt einen Schiedsrichter bestimmen, der aufpasst, dass es gerecht zugeht. Wer das sein soll, kann ein Abzählreim entscheiden. Mag ein Kind nicht teilen, kann es den Gegenstand auch für einige Zeit verleihen. Wenn du etwas selbst nicht brauchst, kannst du es verschenken. Und beim Spielen kann man sich gut abwechseln.

Dein Pixi

€ 0,99 (D)
Ab 01.02.2026 € 1,25 (D)
Pixi-Serie 219 | Nr. 1987
ISBN 978-3-551-05051-9
9 783551 050519
CE
pixi.de
carlsen.de
CARLSEN

Leo Lausemaus

lernt Rad fahren

CARLSEN

pixi BÜCHER

Dieses Buch gehört:

MIX
Papier | Fördert gute Waldnutzung
FSC® C016267

Bei Fragen zum Produkt: carlsen.de/kontakt

Illustrationen: Marco Campanella | Text für die deutsche Ausgabe: Sophia Witt

ISBN der Box: 978-3-551-05219-3
Warenwirtschaftsnr.: 978-3-551-05051-9
Lektorat: Tessa Brinkhaus, Lisann Grégorie
Rückseite: Dorothea Tust, Sabine Legien

Leo Lausemaus

lernt Rad fahren

CARLSEN

Heute ist Leo mit dem Roller unterwegs, um seine Freunde zu treffen. Hinter dem Spielplatz warten Fipsi und Didi mit ihren Fahrrädern. »Guck mal, ich mache mit Fipsi ein Wettrennen. Wer ist schneller bei dem großen Stein?«, ruft Didi. Fipsi und Didi treten in die Pedale. Leo folgt, so schnell er kann. Fipsi gewinnt das Rennen! Aber auch Didi war sehr schnell. Mit seinem Roller ist Leo natürlich viel langsamer.

Leo seufzt. »Ich würde auch gerne Rad fahren können.« »Wenn du willst, darfst du mal auf mein Fahrrad aufsteigen!«, sagt Fipsi. Das probiert Leo sofort aus. Er greift nach dem Lenker und schwingt sich auf den Sattel. Doch einen Moment später kippt er auch schon um. »Ich bin am Anfang auch ein paar Mal hingefallen«, tröstet ihn Fipsi. »Man muss eben erstmal üben, mit einem Fahrrad zu fahren.«

Auf dem Rückweg schieben Fipsi und Didi ihre Räder, und Leo schiebt seinen Roller. So können sie sich besser unterhalten. »Schau mal, da vorne!«, ruft Fipsi auf einmal und zeigt auf ein Geschäft. Im Schaufenster ist ein tolles blaues Rad ausgestellt. »Du hast doch bald Geburtstag«, fällt Didi ein. »Vielleicht kannst du dir ein Fahrrad wünschen!« Leo nickt. »Stimmt!«, sagt er, und vor Vorfreude kribbelt es in seinem Bauch.

Zuhause erzählt Leo Mama und Papa sofort von seinem Geburtstagswunsch. Beide nicken. »Fahrrad fahren ist wirklich eine feine Sache«, sagt Mama. Nach dem Essen malt Leo das Fahrrad, das er im Schaufenster gesehen hat. Nachts träumt er, wie er auf seinem Lieblingsfahrrad über die Wiese saust.

5

Ein paar Tage später hat Leo Geburtstag. Als Leo ins Wohnzimmer kommt, macht er große Augen: Fünf Kerzen leuchten auf einer tollen Torte, und sein Traumfahrrad steht vor ihm! »Hurra!«, ruft Leo und hüpft vor Freude auf und ab. Und wie hübsch der Fahrradhelm ist, den ihm Oma und Opa geschickt haben!

Leo übt jetzt jeden Tag mit dem Rad zu fahren. Heute sind auch Oma und Opa gekommen. Mama hält Leo fest und Leo tritt in die Pedale. Als Mama kurz loslässt, macht Leo einen Schlenker. Schon kippt er um und sitzt im Blumenbeet! Mama muntert Leo wieder auf. »Komm, wir probieren es gleich nochmal.« Diesmal fährt Leo zwei Meter weit, dann kippt er schon wieder um. Langsam fängt Leo an, sich zu ärgern. »Ich dachte, Radfahren ist leichter«, knurrt er.

Opa schraubt den Sattel etwas tiefer, sodass Leo mit den Füßen bequem den Boden berühren kann. So fühlt er sich schon viel sicherer. »Der Bürgersteig ist schön eben«, überlegt Mama. Vor dem Haus schiebt Mama Leo an. Hier hat er mehr Schwung und als Mama loslässt, schafft Leo plötzlich die ersten Meter auf dem Fahrrad schon allein!

Nach dem Essen übt Leo mit Papa weiter. »Falls dir ein Spaziergänger begegnet, hupst du«, erklärt Papa. »Und wenn du bremsen willst, benutzt du den Rücktritt. Du tust so, als würdest du mit den Pedalen rückwärtsfahren und schon wird das Fahrrad gebremst.« Leo hupt gleich mal. Dann fährt er einige Meter und bremst. »Sehr gut!«, ruft Papa. Leo kann vom Fahrradfahren gar nicht genug bekommen!

Am nächsten Tag ist Leo mit Fipsi und Didi verabredet. »Toll, du bist ja mit dem Fahrrad da!«, ruft Didi begeistert.

»Siehst du«, lacht Fipsi. »Ich wusste doch, dass Leo super schnell Rad fahren kann. Wir haben genau das richtige Geschenk für ihn ausgesucht.« Fipsi holt einen bunten Karton hinter ihrem Rücken hervor. Leo öffnet das Geschenkpapier. »Ein Korb!«, freut er sich. »Der ist fürs Fahrrad, oder?« Fipsi nickt und hilft ihm, den Korb am Lenker zu befestigen.

Gemeinsam radeln die Freunde zum Spielplatz. Sie schließen die Fahrräder ab und rutschen ein paarmal. Auf einmal entdeckt Fipsi am Waldrand etwas leuchtend Rotes. »Ich glaube, da drüben gibt es Walderdbeeren!«, ruft sie. Rasch fahren sie mit ihren Rädern hin. Sie können saftige Beeren pflücken. Leo entdeckt außerdem ein schönes Farnblatt und ein Steinchen und legt alles in seinen Korb.

Auf dem Heimweg trifft Leo seine Nachbarin, die liebe Frau Fuchs. Plötzlich fällt ihr der Einkaufskorb herunter und alle Äpfel rollen den Bürgersteig hinab. Da fährt Leo schnell hinterher. Er sammelt die Äpfel auf und bringt sie im Fahrradkorb zurück zu Frau Fuchs. »Danke schön!«, freut sie sich. Zwei Äpfel darf Leo behalten. Gutgelaunt radelt er nach Hause.

Beim Essen erzählt Leo, wo er überall war. Dann zeigt er seine eingesammelten Schätze. Mama staunt. »Mit dem Fahrrad bist du nicht nur schneller unterwegs – du bist auch noch ein richtiger Schatzsucher geworden!«

Kennst du schon pixi.de?

Hallo, dein Pixi zeigt dir heute,

wie du aus deinem Fahrradhelm etwas ganz Besonderes machst. Suche dir Sticker mit Motiven aus, die du magst, und verziere deinen Helm damit. Aufkleber, die reflektieren, eignen sich dafür besonders. Denn mit Reflektoren bist du im Straßenverkehr besser zu sehen. Dein Helm wird also nicht nur toll aussehen, sondern auch noch sicherer!

Dein Pixi

€ 0,99 (D)
Ab 01.02.2026 € 1,25 (D)
Pixi-Serie 219 | Nr. 2862
ISBN 978-3-551-05051-9
9 783551 050519
CE
pixi.de
carlsen.de
CARLSEN

Leo Lausemaus

kann nicht verlieren

CARLSEN

pixi BÜCHER

Dieses Buch gehört:

Bei Fragen zum Produkt: carlsen.de/kontakt

20. Aufl. 2025 | © 2013 by Carlsen Verlag GmbH | Völckersstraße 14–20 | 22765 Hamburg
© 2013 der deutschen Originalausgabe by Helmut Lingen Verlag GmbH
© 2013 Giunti Editore S.p.A., Milano-Firenze | www.giunti.it
Originaltext: Anna Casalis
Illustrationen: Marco Campanella
ISBN der Box 978-3-551-05219-3
Warenwirtschaftsnr.: 978-3-551-05051-9
Lektorat: Laura Leintz, Eleonore Gregori (Ltg.)
Rückseite: Dorothea Tust, Hanna Sörensen

Leo Lausemaus

kann nicht verlieren

CARLSEN

Voller Freude spielt Leo Lausemaus mit seinen Freunden im Kindergarten. Das Spiel heißt »Maus, ärgere dich nicht!« und gerade hat Leo eine Drei gewürfelt. »Eins, zwei, drei! Du bist raus, Hugo! Hurra!«, jubelt Leo und kickt eine Figur von Hugo aus dem Spielfeld. Darüber kann Hugo sich gar nicht freuen. »Menno, Leo, ich war doch fast am Ziel.« Doch Leo lacht nur und sagt: »Ärgere dich nicht, Hugo. Dann gewinne ich eben.«

Hurra!

Ach, Leo!

Huch, was ist denn da nur los? Eben war Leo Lausemaus doch noch so fröhlich. Nun schmollt er ... »Hugo, jetzt hast du meine Figur rausgeworfen! Ich will doch gewinnen!«, beschwert sich Leo lautstark. Trotzig verschränkt er seine Pfoten und sagt: »Dann spiele ich eben nicht mehr mit!« Ach, Leo, sei doch kein Spielverderber! Wenn du jetzt aufhörst, können deine Freunde nicht mehr weiterspielen. Aber Leo ist beleidigt und kehrt den Freunden den Rücken zu.

Zum Glück ist der dumme Streit schnell vergessen. Leo und seine Freunde spielen jetzt draußen. Leo sitzt mit seinem besten Freund Didi Dachs im Sandkasten. Sie bauen Sandburgen und verzieren sie mit Muscheln und bunten Fahnen. Didis Burg sieht wirklich klasse aus. »Leo, schau mal, wie groß meine Burg ist!«, ruft Didi. Aber Leo kann sich darüber nicht freuen. Wütend sagt er: »Meine Burg soll aber schöner sein!«

Leo, schau mal!

O nein!

Didi sitzt vor einem Sandhaufen und wischt sich die Tränen ab. Huch, da stand doch eben noch seine tolle Sandburg. Was ist denn hier passiert?
»Leo hat meine Burg zertrampelt«, schluchzt Didi. Die anderen Kinder schauen ganz erschrocken. Was ist nur mit Leo los? Doch Leo Lausemaus kümmert das nicht. Er rennt davon und lässt seinen traurigen Freund einfach zurück ...

Am Nachmittag geht Leo Lausemaus zur großen Wiese. Dort spielt er oft mit seinen Freunden Fußball. Didi, Hugo und Tessa sind schon da und mitten im Spiel. »Ich schieße ein Tor!«, ruft Tessa und kickt wild gegen den Fußball. Und tatsächlich: Der Ball fliegt hoch über Didis Kopf. Den kann Didi nicht halten. »Eins zu null für dich, Tessa!«, freut sich Hugo mit ihr. Leo Lausemaus steht am Rand. Wollen sie ihn denn nicht mitspielen lassen? Nach dem Vorfall heute Morgen braucht er sich nicht zu wundern …

Tor!

Hey, Leo!

»Hey, Leo, komm zurück!«, ruft Tessa. »Gib uns den Ball wieder!« schreit Hugo. »Das kannst du doch nicht machen!«, schimpft Didi. Und ob Leo das kann: Er hat sich den Fußball geschnappt und rennt damit weg. »Wenn ihr mich nicht mitspielen lasst, dann bekommt ihr auch den Ball nicht zurück!«, schreit Leo. Nun ja, schön war das nicht, Leo nicht mitspielen zu lassen. Aber was Leo jetzt macht, ist wirklich nicht nett!

Zu Hause sitzt Leo Lausemaus traurig in der Ecke und erzählt Teddy von seinem Kummer. »Eigentlich wollte ich diesen blöden Streit gar nicht.« Gut, dass wenigstens Teddy ihm zuhört. »Ich wollte doch nur das Maus-ärgere-dich-nicht-Spiel gewinnen, die tollste Sandburg bauen und die meisten Tore schießen«, murmelt Leo vor sich hin. Leise brummt Teddy. Sicher will er Leo trösten.

bc

Am nächsten Tag geht Leo wieder in den Kindergarten. Doch seine Freunde begrüßen ihn nicht so freudig wie sonst, und spielen will auch niemand mit ihm. Selbst als Hugo ein schönes Bild gemalt hat, geht er damit lieber zu Tessa und Didi. »Guckt mal, was ich Tolles gemalt habe!«, ruft er begeistert. Didi und Hugo stehen mit den Rücken zu Leo. Keiner beachtet ihn, niemand schaut ihn an. Armer kleiner Leo, jetzt fühlt er sich ganz allein …

Natürlich merkt auch die Erzieherin, dass sich die Kinder Leo Lausemaus gegenüber anders verhalten. Sie bittet alle: »Kommt zusammen in einen Kreis und erzählt einmal, was passiert ist.« Didi, Tessa, Fipsi und Hugo setzen sich gleich zusammen. Und was ist mit Leo? Traurig und alleine bleibt die kleine Lausemaus am Rand. Das ist wirklich kein schönes Gefühl. Doch gleich fordert ihn die Erzieherin auf: »Komm, Leo, setz dich doch bitte zu uns.«

Komm, Leo!

Kaum sitzen alle, fangen sie an zu erzählen und berichten, dass Leo ein richtiger Spielverderber ist. Nur die Lausemaus sagt nichts ... Die Erzieherin hört zu. Dann fragt sie: »Willst du etwas dazu sagen, Leo?« »Ich wollte doch nur gewinnen!«, poltert es aus Leo heraus. »Das verstehe ich, aber manchmal gewinnen auch die anderen«, erklärt die Erzieherin. »Nicht jeder von uns kann alles gleich gut. Überlegt doch einmal, was ihr besonders gut könnt.« Also, Hugo malt gut, Tessa schießt prima Tore, Fipsi tanzt wunderschön und Didi baut tolle Burgen. Nur Leo sagt: »Und ich kann gar nichts!«

»Leo, was sagst du denn da?«, fragt Didi plötzlich. »Das stimmt doch gar nicht!« Leo schaut verwundert und alle hören zu. »Beim Klettern neulich warst du der Erste, der oben angekommen ist.« Leo überlegt: »Ja, das stimmt.« Jetzt mischt sich Hugo ein: »Und dein Drachen ist am höchsten geflogen.« Leo staunt, denn das hatte er völlig vergessen. »Siehst du, Leo, da warst du viel besser als wir und keiner war dir böse oder hat dir etwas kaputt gemacht«, erklärt Fipsi.

Ach, Leo!

Dann bittet die Erzieherin alle, ihren Freundschaftsspruch aufzusagen. »Freunde haben, das macht Mut! Freunde sein, das tut gut!« Das ist sicher nicht der letzte Streit den Leo und seine Freunde haben. Streiten ist wichtig, aber sich vertragen ist viel schöner. Das findet auch Leo Lausemaus!

Kennst d
schon
pixi.de?

Hallo, dein Pixi zeigt dir heute

ein Spiel ohne Verlierer: Stille Post. Die Spieler bilden einen Kreis. Flüstere deinem Nachbarn einen Satz ins Ohr. Dieser wird reihum weitergesagt. Dabei darf kein Spieler nachfragen, wenn er etwas nicht verstanden hat. Stattdessen muss er das, was er sich zusammenreimt, weitergeben. Am Ende landet die Botschaft wieder bei dir. Das ist sehr witzig, denn meist ist ein Quatsch-Satz entstanden.

Dein Pixi

€ 0,99 (D)
Ab 01.02.2026 € 1,25 (D)
ISBN 978-3-551-05051-9
9 783551 050519

Pixi-Serie 219 | Nr. 1992

CE

pixi.de
carlsen.de

CARLSEN

Leo Lausemaus

Lili geht aufs Töpfchen

CARLSEN

pixi BÜCHER

Dieses Buch gehört:

____

Bei Fragen zum Produkt: carlsen.de/kontakt

Originaltext: Anna Casalis
Illustrationen: Marco Campanella
ISBN der Box 978-3-551-05219-3
Warenwirtschaftsnr.: 978-3-551-05051-9
Lektorat: Laura Leintz, Eleonore Gregori (Ltg.)
Rückseite: Dorothea Tust, Hanna Sörensen

Leo Lausemaus

Lili geht aufs Töpfchen

CARLSEN

Heute geht Leo Lausemaus mit seiner Mama und Schwesterchen Lili im Stadtpark spazieren. Da ist ja auch sein bester Freund Didi Dachs. »Hallo, Leo, wollen wir Fußball spielen?« Leo strahlt. Was gibt es Schöneres? Nur leider möchte die Mama nach Hause. »Och, Mama, nur ein Spiel!« Leos Mama sagt nicht Nein: »Gut, aber danach müssen wir gehen.«

Eine Runde haben Leo und Didi nun schon gespielt. »Mama, kann ich nicht noch etwas bleiben?« Aber die Mama lässt sich nicht erweichen. »Nein, Leo. Wir gehen jetzt, Lili braucht eine neue Windel!« Ja, das war so besprochen, aber richtig einverstanden ist Leo noch nicht. Hör nur, wie er schimpft. »Nur deinetwegen, Lili, müssen wir nach Hause. Nur weil du eine neue Windel brauchst …«

Zu Hause kümmert sich die Mama gleich um Lili. »So, jetzt machen wir dich erst mal frisch.«
Da liegt sie und gluckst vergnügt vor sich hin.
»Leo, kannst du mir helfen?«, fragt die Mama. »Trag doch bitte die Windel zum Mülleimer!«
Leo Lausemaus hilft seiner Mama gerne, aber so eine Windel riecht wirklich nicht gut ...

Hihi ...

Ach, Leo!

Die Mama lobt Leo für seine Hilfe, möchte aber auch wissen: »Hast du dir auch deine Pfoten gewaschen?« »Habe ich, Mama! Aber sicher rieche ich jetzt für immer nach Lilis Windel«, beschwert sich Leo. »Unsinn«, sagt die Mama. »Du wirst sehen, eines Tages braucht Lili keine Windeln mehr.« Leo Lausemaus wünscht sich nichts sehnlicher herbei als diesen Tag.

Nun ist Lili wieder gut gelaunt und Leo kann mit ihr spielen. Sieh nur, mit dem großen Piratenhut und dem Gummidegen kämpft er mutig gegen alle Feinde. »He, du Räuber, lass meine Schwester in Ruhe!« Ja, so ist Leo, denn von den Windeln abgesehen, hat er sein Schwesterchen sehr lieb. Jetzt hat die Mama endlich mal Zeit, um mit ihrer Freundin zu telefonieren.

Jippie!

Iiii
Schnief

Doch was ist nur passiert? Lili weint! Vorbei ist das schöne Spiel und Leo Lausemaus bemerkt es sofort: Lili riecht nicht gut. »Hast du etwa schon wieder eine volle Windel?«, fragt Leo. Doch seine kleine Schwester tut ihm auch leid. »Ist ja gut, Lili. Ich versteh dich, keiner möchte gerne in einer nassen Windel sitzen.« Damit hat Leo wohl recht ...

Noch ehe die Mama etwas merkt, ist Leo mit Lili ins Kinderzimmer gegangen. Was hat er nur vor? »Komm, Lili, ich helfe dir!«, tröstet Leo sein Schwesterchen. Schwups! Schon hat er Lili aus dem Strampler gezogen. »Jetzt nur noch die Windel öffnen«, überlegt er. Wenn nur dieser Geruch nicht wäre ... Leo hält sich die Nase zu. »Bäh, das stinkt!«

Bäh

Der Papa kommt gerade vorbei. »Na, was macht ihr denn da?«, fragt er. »Lilis Windel war voll. Ich wollte ihr helfen!«, sagt Leo. Der Papa lacht: »Prima, Leo, aber komm, ich helfe dir mal!« Im Handumdrehen hat Lili eine saubere Windel an. Klar, der Papa macht das ja nicht zum ersten Mal. »Deine Windeln habe ich früher auch gewechselt, mein Großer!«

Leo Lausemaus ist wirklich groß geworden und wenn er so etwas vom Papa hört, fühlt er sich noch größer.
»Ja, ich bin dein großer Bruder und hab dich sehr lieb! Bald brauchst du auch keine Windel mehr, kleine Lili!«, sagt Leo zu seiner kleinen Schwester.
Leo ist wohl eingefallen, dass er auch einmal Windeln getragen hat. Da kommt ihm gleich eine Idee …

Nanu, wo sind die beiden denn hier?
Auf den Dachboden haben sie sich geschlichen. Leo kramt in einer großen Truhe zwischen vielen alten Sachen. Was sucht er bloß?
»Hier, Lili, schau mal, das war mal mein Töpfchen!«
Leo, du schlaue Lausemaus! Das ist ja eine klasse Idee. Lili bekommt ein Töpfchen. Vergnügt klatscht Lili in ihre Pfoten.

Nun weint Lili nicht mehr so oft und braucht immer seltener eine Windel. »Das klappt doch schon prima auf dem Töpfchen«, staunt die Mama.

»Ja, und ich lese uns eine Geschichte vor«, sagt Leo. Richtig lesen kann Leo noch nicht. Aber die Geschichten aus seinem Märchenbuch kennt er ja auswendig. Und Lili hört ihm so gerne zu.

Toll!

Wie die Zeit vergeht und Kinder wachsen. Da wundert sich auch Leo manchmal: »Guck mal, wie groß mein Schwesterchen nun schon ist. Und, Mama, weißt du, was das Beste daran ist? Lili braucht jetzt endlich keine Windeln mehr.« Die Mama lächelt: »Das ist wahr, nun haben wir zwei große Mäuse. Aber du, Leo, bleibst für immer die größte Lausemaus!«

Leo Lausemaus – Teddy ist weg
ISBN 978-3-963473-01-2

Leo Lausemaus lernt die Uhr
ISBN 978-3-963470-03-5

Leo Lausemaus hilft gerne
ISBN 978-3-963471-56-8

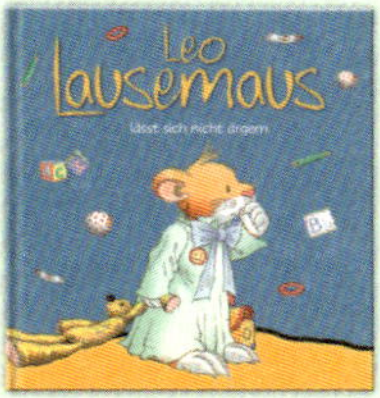

Leo Lausemaus lässt sich nicht ärgern
ISBN 978-3-963470-87-5

Leo Lausemaus lernt Schleifen binden
ISBN 978-3-963473-36-4

...überall im Handel oder unter www.leo-lausemaus.de

Hallo, dein Pixi zeigt dir heute

ein Fingerspiel, das du machen kannst, wenn du auf dem Töpfchen sitzt. Sage langsam den Vers auf und strecke dabei zuerst den Daumen aus, dann nacheinander auch die anderen Finger. Am Ende wackelst du mit dem kleinen Finger.

Das ist der Daumen,
der schüttelt die Pflaumen,
der sammelt sie auf,
der bringt sie nach Haus,
und dieser kleine Schelm
isst sie alle auf.

Dein Pixi

€ 0,99 (D)
Ab 01.02.2026 € 1,25 (D)
ISBN 978-3-551-05051-9
9 783551 050519
Pixi-Serie 219 | Nr. 1991
CE
pixi.de
carlsen.de
CARLSEN

Leo Lausemaus

allein bei den Großeltern

CARLSEN

pixi BÜCHER

Dieses Buch gehört :

Bei Fragen zum Produkt: carlsen.de/kontakt

20. Aufl. 2025 | © 2013 by Carlsen Verlag GmbH | Völckersstraße 14–20 | 22765 Hamburg
© 2013 der deutschen Originalausgabe by Helmut Lingen Verlag GmbH
© 2013 Giunti Editore S.p.A., Milano-Firenze | www.giunti.it
Originaltext: Anna Casalis
Illustrationen: Marco Campanella
ISBN der Box 978-3-551-05219-3
Warenwirtschaftsnr.: 978-3-551-05051-9
Lektorat: Laura Leintz, Eleonore Gregori (Ltg.)
Rückseite: Dorothea Tust, Hanna Sörensen

Leo Lausemaus

allein bei den Großeltern

CARLSEN

Kurz vor dem Abendessen wartet Leo Lausemaus wie jeden Abend sehnsüchtig auf seinen Papa. Endlich geht die Tür auf ... »Überraschung! Ich habe eine Reise gewonnen!«, ruft der Papa fröhlich.

»Eine Reise? Wie schön!«, schwärmt Leos Mama. »Juhu, wir verreisen!«, freut sich Leo und holt sofort sein Köfferchen und Teddy. Leos Papa sagt: »Leo, du wirst das Wochenende bei deinen Großeltern verbringen. Mama und ich verreisen allein ...«

»Was? Ich soll allein bei Oma und Opa bleiben?«, fragt Leo Lausemaus erschrocken. »Es geht nicht anders«, erklärt ihm die Mama. »Es wird dir bei Oma und Opa gefallen!« Dicke Tränen kullern aus Leos kleinen Mäuseaugen und leise schluchzt er: »Hat mich denn keiner mehr lieb?«

Buuuhu

Am nächsten Tag fahren Mama, Papa und Leo zu den Großeltern. »Da ist ja unsere Lausemaus!«, rufen sie. Aber Leo jammert: »Mama, Papa, nehmt mich mit!« Auch den Eltern fällt der Abschied sehr schwer.

Die Eltern sind weggefahren. Nun nimmt die Großmutter den kleinen Leo auf ihren Schoß. Doch Leo schluchzt: »Ich will zu meiner Mama! Mein Papa soll mich abholen!« Leo Lausemaus fühlt sich allein und schmiegt sich ganz fest an die Oma. Langsam merkt er, wie gut das tut. Die Großmutter summt ein Lied. Leos Weinen wird leiser und leiser …

»Na, Leo, hast du Hunger?«, fragt die Großmutter. Leo schaut sie aus seinen verweinten Äuglein an und nickt. Aber was ist denn das? Auf dem Küchentisch stehen lauter Leckerbissen »Schnell, Teddy, das lassen wir uns jetzt aber schmecken!«, jubelt Leo Lausemaus.

Nach dem Abendessen geht der Großvater mit Leo ins Wohnzimmer und holt das große Märchenbuch aus dem Schrank. Leo klettert auf Opas Schoß und sagt: »Toll, das ist ja viel dicker als mein Märchenbuch! Und diese Geschichten kenne ich auch gar nicht.« Der Großvater fängt an zu lesen: »Es war einmal ...« Leo kuschelt sich an den Opa und lauscht ...

Träum schön ...

Zeit für Leo, ins Bett zu gehen. Doch als die Oma ihn zudeckt, muss Leo wieder an Mama und Papa denken. »Oma, wann kommen Mama und Papa zurück?«, fragt Leo ganz leise. Die Großmutter streichelt ihm sanft über den Kopf und erklärt: »Morgen Abend. Und nun schlaf recht schön, meine kleine Lausemaus!«

Am nächsten Morgen ist die Sonne noch nicht ganz aufgegangen, da rennt Leo ins Schlafzimmer der Großeltern. »Guten Morgen, aufstehen!«, ruft Leo. »Du bist aber früh wach. Da kannst du mit Oma im Stall nach den Küken schauen«, gähnt der Großvater.

Aufwachen!

Super!

Nach dem Frühstück geht es aufs Feld. Der Großvater holt den Traktor mit dem Pflug aus der Scheune und Leo Lausemaus darf sich auf Opas Schoß setzen. »Sieh nur, Oma! Ich fahre den Traktor!«, jubelt Leo.

»Ja, du bist wirklich eine mutige Lausemaus«, sagt der Opa. »Ich fühle mich auch schon viel größer!«, meint Leo und bekommt plötzlich Zweifel: »Ob Mama und Papa mich wohl noch wiedererkennen?« – »Eltern erkennen ihre Maus immer«, weiß die Oma.

Die Eltern sind zurück. »Wir haben dich vermisst, du kleine Lausemaus«, sagen sie. »Ich euch auch. Doch ich bin nun eine große Lausemaus! Tschüss, Oma! Bis dann, Opa! Ich komme euch bald wieder besuchen ...«

Leo Lausemaus – Teddy ist weg
ISBN 978-3-963473-01-2

Leo Lausemaus lernt die Uhr
ISBN 978-3-963470-03-5

Leo Lausemaus hilft gerne
ISBN 978-3-963471-56-8

Leo Lausemaus lässt sich nicht ärgern
ISBN 978-3-963470-87-5

Leo Lausemaus lernt Schleifen binden
ISBN 978-3-963473-36-4

...überall im Handel oder unter www.leo-lausemaus.de

Kennst d[u]
schon
pixi.de?

Hallo, dein Pixi zeigt dir heute,

was du am besten alles mitnimmst, wenn du woanders übernachtest. Packe deinen Schlafanzug und die Zahnbürste in einen kleinen Koffer oder Rucksack. Besonders wichtig ist dein Lieblingskuscheltier oder ein Kuschelkissen, damit du auch in einem fremden Bett gut einschlafen kannst. Du kannst auch ein Buch mit deinen Lieblings-Gutenachtgeschichten mitnehmen, aus denen du dir vorlesen lassen kannst.

Dein Pixi

€ 0,99 (D)
Ab 01.02.2026 € 1,25 (D)
Pixi-Serie 219 | Nr. 1990
ISBN 978-3-551-05051-9
9 783551 050519
CE
pixi.de
carlsen.de
CARLSEN

Leo Lausemaus

wird wieder gesund

CARLSEN

pixi BÜCHER

Dieses Buch gehört :

____

PRODUZIERT MIT VERANTWORTUNG

Bei Fragen zum Produkt: carlsen.de/kontakt

Illustrationen: Marco Campanella | Text für die deutsche Ausgabe: Sophia Witt

ISBN der Box: 978-3-551-05219-3
Warenwirtschaftsnr.: 978-3-551-05051-9
Lektorat: Tessa Brinkhaus, Lisann Grégorie
Rückseite: Dorothea Tust, Sabine Legien

Leo Lausemaus

wird wieder gesund

CARLSEN

Heute wird Leo von Papa aus dem Kindergarten abgeholt. Papa freut sich, seine kleine Lausemaus wiederzusehen. Aber Leo trottet bloß ganz langsam auf Papa zu. »Stimmt etwas nicht?«, fragt Papa. »Mein Hals tut weh«, murmelt Leo. Dann zieht er die Nase hoch. Papa kramt nach einem Taschentuch. »Jetzt gehen wir erst mal nach Hause, da kannst du dich ausruhen«, sagt er. Leo fühlt sich ganz schlapp.

Kaum sind Papa und Leo zu Hause angekommen, geht Leo zum Sofa und legt sich hin. Seine Nase läuft immer noch. Papa legt ihm eine Hand auf die Stirn. »Die fühlt sich ganz schön warm an.« Rasch läuft er ins Badezimmer und holt das Fieberthermometer und eine Packung Taschentücher. Leo putzt sich die Nase. Nun misst Papa Fieber. »Du hast tatsächlich erhöhte Temperatur«, stellt er fest.

»Was machen wir denn da am besten?«, überlegt Papa und öffnet die Kommode. Er holt einen warmen Schal heraus und wickelt ihn Leo um den Hals. Dann geht er zum Telefon und wählt die Nummer von Leos Oma. Sie weiß ganz bestimmt, was sonst noch zu tun ist. »Er hat Halsweh und Schnupfen und sogar etwas Fieber«, berichtet Papa und hört gut zu, was Oma vorschlägt.

Nun saust Papa in die Küche. Oma hat ihm den Rat gegeben, einen Erkältungstee zu kochen. Im Küchenschrank findet er: Früchtetee, schwarzen Tee und Pfefferminztee. Aber keinen Erkältungstee! Also ruft Papa Leos Mama an, damit sie auf ihrem Rückweg von der Arbeit den richtigen Tee mitbringt. Dann trägt er die kleine Lausemaus ins Kinderzimmer. Leo legt sich ins Bett, und Papa deckt ihn gut zu.

Als Mama nach Hause kommt, sieht sie gleich nach der kranken Lausemaus. Papa setzt schon mal Teewasser auf. Dann kommt Mama in die Küche und übergießt die Kräuter mit heißem Wasser. Nach ein paar Minuten ist der Tee fertig. Mama bringt Leo eine Tasse ans Bett und setzt sich zu ihm. In kleinen Schlucken trinkt Leo den Tee. »Bald geht es dir besser«, sagt Mama und streicht Leo über die Stirn.

Am nächsten Morgen bleibt Leo einfach im Bett liegen. Er hustet und schnieft und ist immer noch viel zu schlapp, um zu spielen. Mama bringt ihm ein Puzzle, aber Leo schaut es gar nicht an. Dann kommt sie mit einem Käsebrot, doch Leo hat keinen Appetit. Nur seinen Tee trinkt er auch heute. »Soll ich dir etwas vorlesen?«, fragt Mama. Nicht einmal das möchte Leo. Am liebsten will er einfach weiterschlafen.

Als es Leo am nächsten Tag immer noch nicht bessergeht, beschließt Mama, mit ihm zum Kinderarzt zu gehen. Sie zieht Leo warm an, und die beiden machen sich auf den Weg. In der Arztpraxis hört der Arzt Leo ab und schaut in seinen Hals. »Er hat eine Erkältung«, stellt er fest. »Das geht bald vorbei, aber ich schreibe ein Rezept für Hustensaft auf. Der wird helfen.«

Auf dem Rückweg vom Arzt gehen Mama und Leo noch schnell zur Apotheke. Mama gibt der Apothekerin das Rezept für den Hustensaft. In den Regalen stehen so viele Schachteln und Fläschchen und Tuben! Aber die Apothekerin findet genau das richtige Fläschchen mit dem Hustensaft. Und Leo bekommt von ihr ein kleines Lutschbonbon geschenkt, das dem Hals guttut.

Nun gehen Mama und Leo nach Hause. Was steckt denn da im Briefkasten? Zwei Postkarten für Leo! Fipsi und Didi haben geschrieben, um Leo gute Besserung zu wünschen. Obwohl Leo sich immer noch ziemlich schwach fühlt, freut er sich sehr über die schönen Karten von seinen Freunden. Rasch trinkt er seinen Hustensaft und legt sich wieder ins Bett, um schnell gesund zu werden.

Am nächsten Morgen geht es Leo endlich etwas besser. Er hat gar keine Lust mehr, im Bett zu liegen.

Aber so richtig gesund ist er doch noch nicht. Er tapst ins Wohnzimmer und legt sich aufs Sofa. Mama bleibt heute zu Hause. Sie deckt Leo gut zu. »Heute kannst du mir was vorlesen«, sagt Leo. Mama lächelt. Sie holt eins von Leos Lieblingsbüchern und bringt aus der Küche leckere Möhrenkekse mit. Leo hat heute schon ein bisschen Appetit, und er knabbert drei Kekse, während er der schönen Geschichte lauscht.

In der Nacht hat Leo nicht mehr so viel gehustet, und heute Morgen fühlt er sich schon viel besser. In den Kindergarten kann er noch nicht gehen. Aber als Lili mit einer Kiste Bauklötze zu ihm kommt, setzt er sich zu ihr auf den Boden und spielt mit ihr.

Und die Möhrensuppe, die Mama mittags kocht, schmeckt der kleinen Lausemaus heute richtig gut.

Am Nachmittag legt Leo eine Hand auf Teddys Stirn. »Oh, Teddy hat Fieber!«, ruft Leo. Teddy bekommt einen Schluck Hustensaft und einen kleinen Schal. Er muss ganz schnell gesund werden! Leo will schließlich morgen wieder in den Kindergarten gehen.

Leo Lausemaus –
Teddy ist weg
ISBN 978-3-963473-01-2

Leo Lausemaus
lernt die Uhr
ISBN 978-3-963470-03-5

Leo Lausemaus
hilft gerne
ISBN 978-3-963471-56-8

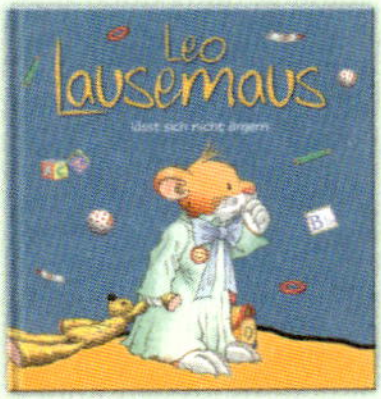

Leo Lausemaus
lässt sich nicht ärgern
ISBN 978-3-963470-87-5

Leo Lausemaus
lernt Schleifen binden
ISBN 978-3-963473-36-4

...überall im Handel oder unter www.leo-lausemaus.de

Kennst
schon
pixi.de?

Hallo, dein Pixi zeigt dir heute,

wie du deinem Teddy einen Verband anlegst. Schau zuerst nach, wo der Teddy verletzt ist: am Arm, am Kopf oder an einem Bein? Umwickle den kranken Körperteil mit einem langen Stück Mullbinde, zum Beispiel aus einem alten Verbandskasten. Klebe auf den letzten Zipfel der Mullbinde ein Pflaster, damit der Verband gut hält.

Dein Pixi

€ 0,99 (D)
Ab 01.02.2026 € 1,25 (D)

Pixi-Serie 219 | Nr. 2863

ISBN 978-3-551-05051-9

9 783551 050519

CE

pixi.de
carlsen.de

CARLSEN

Leo Lausemaus

wird großer Bruder

CARLSEN

pixi BÜCHER

Dieses Buch gehört:

___

Bei Fragen zum Produkt: carlsen.de/kontakt

1. Aufl. 2025 | © 2025 by Carlsen Verlag GmbH | Völckersstraße 14–20 | 22765 Hamburg
© 2022 der deutschen Ausgabe by Helmut Lingen Verlag GmbH
© 2022 Giunti Editore S.p.A., Milano-Firenze | www.giunti.it
Illustrationen: Marco Campanella | Text für die deutsche Ausgabe: Sophia Witt

ISBN der Box: 978-3-551-05219-3
Warenwirtschaftsnr.: 978-3-551-05051-9
Lektorat: Tessa Brinkhaus, Lisann Grégorie
Rückseite: Dorothea Tust, Sabine Legien

Leo Lausemaus

wird großer Bruder

CARLSEN

Leo Lausemaus macht heute mit seinen Freunden Didi, Hugo und Tessa auf dem Spielplatz ein Wettrennen. Didi lässt sich danach ins Gras fallen. »Nachher spiele ich noch mit meinem kleinen Bruder. Der will immer auf mir herumklettern, wenn ich mich auf den Boden lege«, kichert er. Tessa ruft: »Und ich spiele mit meiner kleinen Schwester Pferdchen.« Auf dem Nachhauseweg ist Leo später ganz nachdenklich.

Zu Hause will Leo unbedingt etwas sagen, bevor es leckere Möhrensuppe gibt. »Wisst ihr, was ich mir wünsche?«, beginnt Leo. »Was denn?«, fragen Mama und Papa gespannt. »Ein Geschwisterchen!«, ruft Leo. »Didi und Tessa haben auch Geschwister. Mit einem kleinen Bruder oder einer kleinen Schwester könnte ich immer spielen und puzzeln und noch ganz viele andere lustige Sachen machen!«

»Das stimmt, es ist wirklich schön, Geschwister zu haben«, sagt Mama. Nach dem Essen schnappt sich Papa ein Fotoalbum. »Komm, ich zeige dir was!« Leo und Papa machen es sich im Garten gemütlich. »Wer ist das?«, fragt Leo. »Das ist mein kleiner Bruder Tom«, erklärt Papa. »Du hast einen kleinen Bruder?«, staunt Leo. »Ja – es ist dein Onkel Tom«, lacht Papa. »Jetzt ist er natürlich schon erwachsen. Aber mein kleiner Bruder ist er trotzdem, weil er zwei Jahre jünger ist als ich. Früher haben wir uns manchmal gezankt, aber meistens haben wir zusammen gespielt.«

Ein paar Wochen später hat Leo Geburtstag. Beim Kuchenessen sagt Mama geheimnisvoll: »Wir haben noch eine schöne Nachricht für dich.« Leo macht große Augen. »Bekomme ich heute noch ein Geschwisterchen?« Mama lacht. »Heute noch nicht!« Papa nickt und sagt: »Aber es wächst schon in Mamas Bauch, und bald ist es groß und stark genug, um auf die Welt zu kommen.« Da umarmt Leo Mama und Papa ganz fest, so sehr freut er sich.

Heute darf Leo mit Mama zum Arzt gehen. Der will nachsehen, wie es Mama und dem Baby geht. Er fährt mit einem kleinen Gerät über Mamas Bauch – auf einem Bildschirm sehen sie etwas pochen. »Das ist das Herzchen«, erklärt der Arzt. »Es ist alles in Ordnung.« Er gratuliert Leo. »Bald bist du ein großer Bruder. Du wirst sicher gut auf dein Geschwisterchen aufpassen.« Leo nickt. Das wird er ganz bestimmt!

Zu Hause macht Mama es sich auf dem Sofa gemütlich. Sie holt ihre Wolle hervor und beginnt zu stricken. Leo klettert auch aufs Sofa und legt seinen Kopf auf Mamas Schoß. »Was machst du da, Mama?«, will er wissen. »Eine Babydecke«, antwortet Mama. »Für dich habe ich damals auch eine gestrickt, damit du es schön warm hattest. Später bist du dann darauf herumgekrabbelt.«

Da hat Leo eine Idee. Er holt lauter Spielzeuge aus seinem Zimmer. »Das ist alles für das Baby!«, ruft er. »Ich werde ihm gleich zeigen, wie man Fußball spielt!« Mama lacht. »Das ist lieb von dir, aber das Baby wird erstmal viel schlafen.« – »Die ganze Zeit?«, wundert sich Leo. »Nein, es wird auch Milch trinken und sich alles genau ansehen«, erklärt Mama. »Aber es muss zuerst viel lernen: Sitzen und Krabbeln, Sprechen und Laufen. Später könnt ihr natürlich zusammen spielen.«

Als Papa am nächsten Tag sein Werkzeug aus dem Keller holt, wird Leo neugierig. »Ich baue eine Wiege fürs Baby!«, sagt Papa. Leo strahlt. Er hilft Papa und reicht ihm den Hammer und das Schleifpapier. Als die Wiege fertig ist, staunt Mama, wie schön sie geworden ist. Leo legt seine Hand auf Mamas Bauch. Inzwischen strampelt das Baby ganz schön! Bestimmt will es bald auf die Welt kommen.

Leo freut sich. Oma und Opa sind gekommen! Papa ist nämlich mit Mama ins Krankenhaus gefahren. Wahrscheinlich kommt das Baby heute auf die Welt! Opa sucht eine schöne Geschichte heraus. Dann malt Leo ein Bild und schließlich räumt er zusammen mit Oma und Opa das Kinderzimmer auf, damit alles schön ordentlich ist, wenn das Baby nach Hause kommt.

Endlich ist es so weit: Mama und Papa kommen nach Hause, und sie haben Leos Geschwisterchen dabei! »Schau mal, das ist deine kleine Schwester Lili«, sagt Mama. Leo kommt näher. Ganz vorsichtig streicht er seiner kleinen Schwester über das Köpfchen. Ihre Haare sind ganz weich und sie ist noch so winzig! Jetzt öffnet sie die Augen und schaut Leo für einen kurzen Moment an. Doch dann fallen ihr die Augen schon wieder zu. »Sie ist noch ganz müde«, sagt Papa.

»Willst du Lili mal halten?«, fragt Mama. Leo nickt. Mama legt ihm das Baby in die Arme. »Bald spielen wir zusammen«, erklärt Leo seiner Schwester leise. »Im Sommer kann man auf dem Spielplatz klettern und Fahrrad fahren! Das zeige ich dir alles, wenn du groß genug bist.« Lili gluckst ein bisschen.

Vielleicht hat sie ja sogar schon verstanden, was Leo ihr da zugeflüstert hat.

Am nächsten Tag erzählt Leo im Kindergarten stolz, dass er jetzt auch großer Bruder ist. »Herzlichen Glückwunsch, Leo!«, lächelt die Erzieherin. Fipsi, Hugo und Tessa freuen sich auch für Leo. Gemeinsam malen sie für Leos kleine Schwester ein großes, buntes Bild. Darauf steht: Willkommen, kleine Lili!

Leo Lausemaus – Teddy ist weg
ISBN 978-3-963473-01-2

Leo Lausemaus lernt die Uhr
ISBN 978-3-963470-03-5

Leo Lausemaus hilft gerne
ISBN 978-3-963471-56-8

Leo Lausemaus lässt sich nicht ärgern
ISBN 978-3-963470-87-5

Leo Lausemaus lernt Schleifen binden
ISBN 978-3-963473-36-4

...überall im Handel oder unter www.leo-lausemaus.de

Kennst
schon
pixi.de?

Hallo, dein Pixi zeigt dir heute

ein Spiel für dich und deine Geschwister: ein Rutschauto-Wettrennen. Dabei können kleine Kinder mitmachen, sobald ihre Beine zum Boden reichen. Größere Kinder müssen zusätzlich Gepäck transportieren, damit es schwieriger wird.
Ihr könnt eine Strecke mit Hindernissen einrichten, z. B. im Slalom enge Kurven fahren oder unter Tischen hindurchrollern.
Auf Los geht's los!
Wer erreicht
zuerst das Ziel?

Dein Pixi

€ 0,99 (D)
Ab 01.02.2026 € 1,25 (D)

Pixi-Serie 219 | Nr. 2861

ISBN 978-3-551-05051-9

9 783551 050519

CE

pixi.de
carlsen.de

CARLSEN